Silke Hubrig

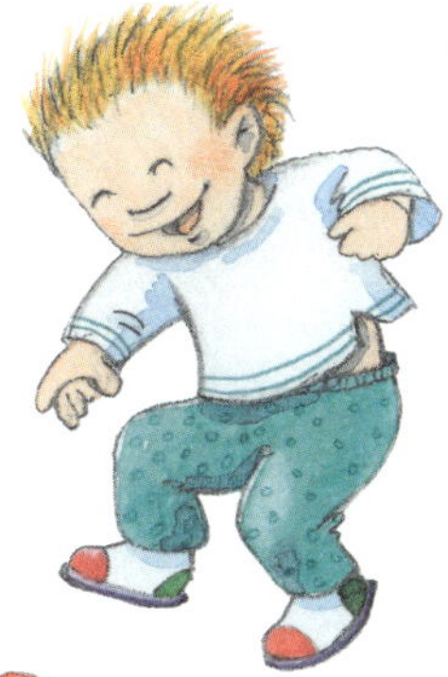

Projekte für Krippenkinder

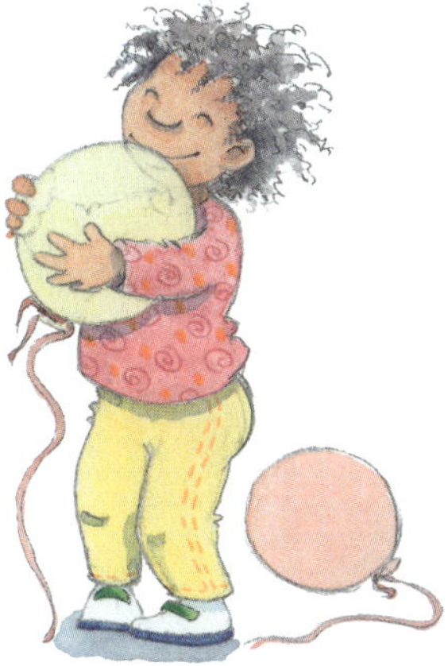

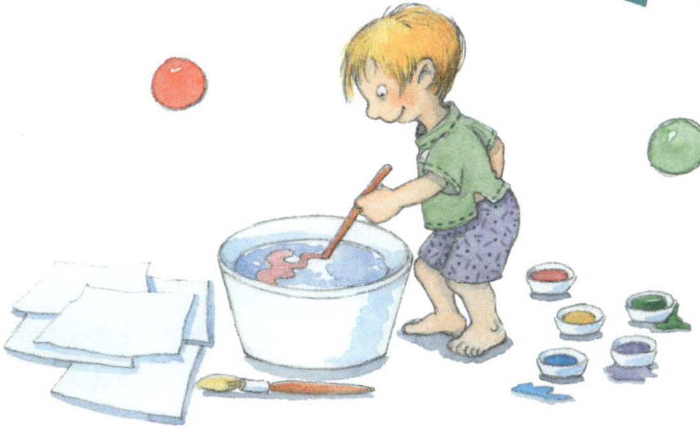

Inhalt

Ein Wort vorweg 3

Projektarbeit ist „Entdeckendes Lernen" 4

Die Planung und Durchführung 5
   Die Durchführung 5
   Die Dokumentation, Präsentation und Auswertung 7
   Die Rolle der pädagogischen Fachkraft 9

Projekte für Krippenkinder 10
   Die Bedeutung der Themen „Wasser", „Matschen und Kneten", „Farben" 10
   Ideen zum Thema „Wasser" 14
   Ideen zum Thema „Matschen und Kneten" 34
   Ideen zum Thema „Farben" 52
   Spieleregister 78
   Literatur 79

Ein Wort vorweg

Entdeckendes Lernen in Projekten ist in den meisten Lern- und Bildungseinrichtungen eine Selbstverständlichkeit. Projektarbeit ist auch im Bereich der unter Dreijährigen eine sinnvolle Lernform, denn auch Kinder dieser Altersstufe zeigen deutlich ihre Interessen und ihren Forscherdrang bezogen auf bestimmte Themen. Ein wesentliches Prinzip von Projektarbeit ist, dass die Kinder das Projektthema möglichst umfassend eigeninitiativ und selbstständig erforschen und bearbeiten. Im Bereich der Kinder im Alter von 0 bis 3 Jahren ist diese Art des kooperativen Erforschens nur bedingt möglich, weil die Kinder weniger selbstständig sind und sich noch nicht ausreichend sprachlich verständigen können. Die pädagogischen Fachkräfte müssen insbesondere die nonverbalen Signale der Kinder wahrnehmen und interpretieren. Auf dieser Basis sollten sie ihre Angebote und Spielimpulse planen und anbieten.

Die hier vorliegenden Aktivitäten, Lieder und Spiele sind als Ideen, Anregungen und Impulse zur Gestaltung von Projekten in der pädagogischen Praxis zu verstehen. Sie beziehen sich auf die Themenbereiche „Wasser", „Kneten und Matschen" und „Farben".

Projektarbeit ist „Entdeckendes Lernen"

Ein Kind kann nicht belehrt werden, sondern nur selbsttätig und aktiv lernen. Selbsttätigkeit ist ein wesentliches Merkmal des Entdeckenden Lernens.
„Was passiert, wenn ich meine Puppe in die Pfütze werfe?", „Wie fühlt es sich an, Schnee in den Mund zu nehmen?".

Jede Frage, die einen Forschungsdrang im Kind auslöst, ist persönlich bedeutsam

Fragen entstehen nie zufällig, sondern haben mit der gegenwärtigen Situation des Kindes und seiner Biografie zu tun. Alle Menschen haben unterschiedliche Fragen. Das ist ein weiterer Grund, jeder kindlichen Frage mit Respekt zu begegnen und sie als Forschungsanlass zu betrachten.
Kinder, die sich noch nicht sprachlich mitteilen bzw. noch keine Fragen formulieren können, teilen ihre Fragen und Interessen nonverbal mit. Die pädagogische Fachkraft sollte viel Zeit und Aufmerksamkeit in die Beobachtung des kindlichen Verhaltens investieren, um die „Forschungsfrage" des Kindes zu entschlüsseln und aufgreifen zu können. So ist es beispielsweise denkbar, dass ein Kind am Phänomen Schwerkraft interessiert ist und dieses erforschen möchte, indem es immer wieder Gegenstände von der Hochebene des Gruppenraumes auf den Boden fallen lässt. Ein älteres Kind würde sich hingegen sprachlich mitteilen und möglicherweise fragen, ob der Schuh oder die Socke schneller fliegen kann.

Lernen geschieht stets im Dialog mit anderen!

Um zu lernen, braucht ein Kind andere Kinder oder Erwachsene als Dialogpartner. Es greift die Impulse der Dialogpartner auf und gemeinsam wird dann überlegt, wie der Weg zur Lösung der Frage begangen werden kann. Hinzu kommt, dass Kinder ihre Ergebnisse anderen zeigen möchten!

Die Planung und Durchführung

In der Regel ist in der Krippe ein bestimmtes beobachtbares Verhalten, ein besonderes Interesse an einer Sache bzw. einer Tätigkeit oder die Idee eines Kindes Ausgangspunkt für ein Projektthema.
Aufgabe der pädagogischen Fachkraft ist es, die Kinder insbesondere in Freispielsituationen zu beobachten und die Themen der Kinder wahrzunehmen. Die Beobachtungen sollten aufgeschrieben, im Team besprochen und abgeglichen werden.

Hilfreiche Fragen:
- Entspricht das Thema derzeit den Fragen, Interessen und Bedürfnissen der meisten Kinder?
- Hat das Thema derzeit eine Bedeutung für den Großteil der Kinder?
- Ist das Thema lebensnah für die Kinder?
- Ist das Thema für eine altersentsprechende Förderung der Kinder geeignet?
- Bietet das Thema eine starke Handlungsorientierung?
- Ist das Thema vielfältig zu bearbeiten? Ist es mit möglichst vielen Sinnen zu erfassen?

Die Durchführung

Anfangs werden Ideen zum Thema gesammelt. Es sollte überlegt werden, welche Unterthemen das Thema birgt und welche Schwerpunkte für die Kinder besonders interessant und bedeutsam sein können. Es muss

auch bewusst gemacht werden, auf welche Teilthemen nicht verzichtet werden kann, damit der Gesamtzusammenhang des großen Themas erhalten bleibt. Anschließend werden Ideen und Spielimpulse ausgesucht, mit denen die Themenschwerpunkte bearbeitet werden sollen.

Die Planung sollte unverbindlich und flexibel sein und lediglich als „roter Faden" zur Orientierung beim Projektablauf dienen. Abweichungen vom Plan, Ergänzungen des Planes und auch Phasen von Wiederholungen sind vorher nicht vorauszusehen und werden spontan aufgenommen.

Zu ihren jeweiligen Planungsüberlegungen sollten die pädagogischen Fachkräfte Ziele benennen. Es muss klar sein, was das grobe Ziel des Projektes ist, welche Kenntnisse und Kompetenzen die Kinder während des Projektes erwerben können und welche Erfahrungen ihnen geboten werden. In der Projektarbeit ist allerdings der Bearbeitungsprozess (das Entdeckende Lernen), also der Weg zum Ziel wichtiger, als das Ziel (wie etwa ein schönes Produkt) selbst.

Nach der Planung und den konkreten Vorbereitungen kann die Durchführung des Projektes beginnen. Nun kann gehandelt, geforscht und experimentiert werden. Die pädagogischen Fachkräfte geben die geplanten Impulse und stehen den Kindern als Dialogpartner zur Verfügung. Sie unterstützen das Entdeckende Lernen. Wie lange die Kinder sich mit der Thematik befassen und beschäftigen, hängt nicht nur von ihrem Alter bzw. ihrem Entwicklungsstand ab, sondern auch von ihrem gegenwärtigen Bedürfnis und Interesse am Angebot. Auch die Gruppenkonstellation spielt dabei eine Rolle. Kleinere Kinder orientieren sich beispielsweise an den älteren Kindern und machen nach, was diese gerade tun.

Während des Projektverlaufes besteht die Möglichkeit, Kleingruppen oder auch Paare zu bilden. So haben Kinder, die kein Interesse am Thema entwickeln, die Möglichkeit auszusteigen. Die Teilnahme an den Aktivitäten ist grundsätzlich freiwillig. Junge Kinder lassen sich oftmals nach einer Zeit der Beobachtung von den Aktivitäten der älteren Kinder motivieren.

Es empfiehlt sich immer, Variationen für die jüngsten Kinder mit einzuplanen.

Erst in der Durchführung zeigt sich, ob die Planung realistisch und sinnvoll ist. Möglicherweise geht das Projekt durch die Ideen und neu erfundenen Variationen der Kinder in eine ganz andere Richtung als sich die pädagogischen Fachkräfte dieses anfangs dachten. Je jünger die Kinder sind, desto öfter fordern sie Wiederholungen derselben Aktivität ein. Die Kinder sollten die Gelegenheit dazu bekommen. Sie wiederholen eine für sie interessante Tätigkeit so lange, bis sie ihr Handeln verinnerlicht und begriffen haben.

Die Dauer eines Projektes, soll an den Bedürfnissen der Kinder orientiert werden. Wenn das (nicht nur punktuelle) Interesse der Kinder nachlässt, wird das Projekt zum Abschluss gebracht. Projekte können so wesentlich länger oder kürzer als geplant dauern.

Die Dokumentation, Präsentation und Auswertung

Das Projekt sollte laufend dokumentiert werden.

Formen für die Dokumentation:
- Fotografien
- Videomitschnitte
- schriftliche Aufzeichnungen (Beobachtungen oder wortwörtliche Äußerungen von Kindern)
- Ausstellung erster Produkte mit kurzen Begleittexten, beispielsweise in Schaukästen, digitalen Bilderrähmen oder auf Stellwänden.

Die Dokumentation ist hilfreich für die abschließende Reflexion und Auswertung des Projekts innerhalb des pädagogischen Teams. Sie macht deutlich, ob die Kinder Interesse am Thema hatten und ob bzw. auf welche Art und Weise sie neugierig, entdeckend und forschend das Thema behandelt haben. Zudem bieten die Dokumentationen Gesprächsanlässe und sind Erinnerungshilfen bei der Auswertung und Reflexion des Projektes.

Eine Dokumentation kann auch eine Präsentation sein oder beinhalten. Dabei können der Projektverlauf, Zwischen- oder Endprodukte präsentiert werden. Von den Präsentationen profitieren auch die Eltern: Sie sehen, womit dich die Kinder gerade beschäftigen und können so am Erleben des Kindes teilhaben. Präsentationen sind gleichzeitig eine schöne Möglichkeit die Arbeit der Kinder wertzuschätzen und sie stolz Ihre Erlebnisse und Werke präsentieren zu lassen.

Am Ende des Projektes sollte eine Auswertung stattfinden. Folgende Fragen können hilfreich sein:

- Was haben die Kinder während der Projektarbeit gemacht?
- Welche neuen Erfahrungen haben sie gemacht?
- War das Thema für die Kinder angemessen? Was hat die Kinder am Thema besonders interessiert?
- Wie hat sich das Projekt auf die Lebensbereiche der Kinder ausgewirkt?
- Wo lagen die Stärken? Wo lagen Schwächen im Projekt?
- Wo lagen die Stärken und Schwächen der einzelnen Erzieherinnen und in der Teamarbeit? Besteht Anlass für Veränderungen bei den Erzieherinnen (persönlich oder im Team)?
- Gibt es innerhalb der Krippe/Kita neue Ideen und Impulse?
- Würden wir das Projekt genauso wieder anbieten? Was würden wir beim nächsten Mal bedenken und verändern?

Die Rolle der pädagogischen Fachkraft

Die pädagogische Fachkraft schafft in der Projektarbeit einen geeigneten materiellen und räumlichen Rahmen, in dem sich die Kinder mit dem Projektthema auseinandersetzen können. Sie bereitet das Thema so auf, dass sie den Kindern ganzheitliche Erfahrungen bietet.
Sie sollte eine Atmosphäre schaffen, in der sich alle Kinder sicher und geborgen fühlen, denn das ist die Basis, auf der sich die Kinder auf bisher Unbekanntes einlassen können. Eine sichere Bindung zwischen der pädagogischen Fachkraft und jedem Kind ist Voraussetzung für eine gelingende Projektarbeit.

Die pädagogische Fachkraft hat die Rolle der Mitforscherin und Dialogpartnerin. Sie gibt Impulse und nimmt die Impulse der Kinder auf. Dabei muss sie sich nicht als allwissende Erwachsene verstehen, sondern vielmehr als motivierende, ermutigende Mitlernende, die sich gemeinsam mit dem Kind auf die Suche nach Lösungen begibt. Sie arbeitet dabei prozessorientiert und nicht ergebnisorientiert. Sie unterstützt die Kinder durch ihre aktive, stabilisierende Begleitung und auch durch ihr eigenes Interesse am Thema dahingehend, dass den Kindern eine möglichst selbsttätige, eigenständige Auseinandersetzung mit einem Thema gelingen kann. Dabei lässt sie den Kindern die Zeit bzw. das Tempo, welches sie benötigen.

Da Kinder im Krippenalter noch nicht in der Lage sind, sich ausreichend sprachlich mitzuteilen, um in einen forschenden verbalen Dialog mit der pädagogischen Fachkraft zu treten, rücken andere Kommunikationsmittel bei der Projektarbeit in der Krippe in den Vordergrund. Die pädagogische Fachkraft sollte die Mimik und Gestik, das heißt die gesamte Körpersprache und Lebensäußerungen des Kindes, interpretieren und herauslesen, welche Absichten und Interessen das Kind verfolgt. So sagt ein Krippenkind beispielsweise nicht, wie ein Kindergartenkind, dass es keine Lust mehr auf das Kneten mit Ton hat, sondern wird eher dazu neigen, die Situation zu verlassen oder hilfesuchend die pädagogische Fachkraft anzuschauen und ihr die Arme entgegen zu strecken.

Projekte für Krippenkinder

Die einzelnen Ideen sind als Anregung für die pädagogische Praxis zu verstehen. Projektplanungen sind nur dann realistisch, wenn sie von pädagogischen Fachkräften angefertigt werden, die genau die Interessen und Bedürfnisse der ihnen anvertrauten Kinder kennen.

An dieser Stelle soll noch einmal hervorgehoben werden, dass die Kinder ihren Lernweg bestimmen, d.h. dass das Interesse der Kinder die Richtung des weiteren Projektverlaufes bestimmt. So kann sich aus dem Projekt „Wasser", das Projektthema „Matschen" entwickeln. Da ist die Sensibilität und Flexibilität der Erzieherinnen gefragt. Es sollte stets darauf geachtet werden, dass in einem Projekt alle Bereiche der kindlichen Persönlichkeit sowie möglichst viele Bildungsbereiche durch Spielimpulse und Aktivitäten angesprochen werden. Die Bildungsbereiche sind für jede Idee angegeben. Dabei handelt es sich jedoch nur um einen Schwerpunkt.

In der Praxis sind die einzelnen Bildungsbereiche nicht voneinander abzugrenzen. Bei jeder Aktivität werden stets verschiedene Bildungsbereiche angesprochen bzw. greifen die Bereiche ineinander. So wird Kneten mit Knetgummi zwar dem Bereich „Kreatives Gestalten" zugeordnet, obwohl auch die Bildungsbereiche „Wahrnehmung" und „Motorik" sehr zentral sind.

Die hier vorliegenden Ideen beziehen sich auf Aktivitäten und Spielimpulse der Themen „Wasser", „Kneten und Matschen", sowie „Farben".

Die Bedeutung der Themen „Wasser", „Matschen und Kneten", „Farben"

Das Thema „Wasser"
Kleinkinder kommen alltäglich mit dem Element Wasser in Berührung: Sie trinken es, putzen sich damit die Zähne und baden darin. Mit Wasser wird das Geschirr gewaschen, mit Wasser wird gekocht und Blumen werden damit gegossen. Kinder erleben Wasser alltäglich in verschiedenen Gestalten: als Regen, als Tränen, Schnee und Eis, als Nebel, als Fluss oder See. Kindern bereitet es ein großes Vergnügen, mit Wasser zu spielen: So haben sie viel Freude daran, barfuß im Regen zu laufen, ungehalten in Pfützen zu springen, Wasser von einem in den anderen Becher umzufüllen oder den Waschraum „unter Wasser zu setzen" und andere nass zu spritzen.

Im Sommer ist ein Wasser-Projekt unkomplizierter zu organisieren, weil die Kinder viele der Aktivitäten, nur mit einer Windel bekleidet, gut draußen durchführen können. Der Herbst bietet möglicherweise eine Regengarantie als Bereicherung des Projektes. Die Kinder können in Regenpfützen spielen und durch den Regen laufen. Der Winter wiederum bietet durch den Schnee, der ja gefrorenes Wasser ist, Impulse für das Projekt. Mit Schnee und Eis können Kinder lange experimentieren, Rutschbahnen bauen, Schneebälle formen, Spuren im Schnee gehen, Eiszapfen können untersucht werden und vorsichtig können sich die Kinder über gefrorene Pfützen bewegen.

Das Thema „Matschen und Kneten"
Krippenkinder nutzen nahezu jede Gelegenheit, um mit Hingabe und Ausdauer zu matschen und zu kneten – egal ob mit Sand, Kuchenteig, Knete oder Kartoffelbrei. Spielerisches Matschen und Kneten zählt zu den elementaren Erlebnissen eines jeden Kindes. Und dieses ist wichtig für eine gesunde Entwicklung, denn das Kind erfährt und begreift das jeweilige Material (z.B. Ton, Wasser und Sand) mit seinem Körper und lernt es in seinen Eigenschaften kennen. Beim Matschen und Kneten integrieren sich sensorische Reize auf eine lustvolle Art. So registrieren die Rezeptoren auf der Haut und in den Muskeln Temperatur und Feuchtigkeit des jeweiligen Materials und auch den Druck und Widerstand bei der Tätigkeit des Knetens und beim Matschen. Dieses ist nicht nur für die Entwicklung der kindlichen Wahrnehmung förderlich, sondern auch die Auge-Hand-Koordination, sowie die Hand- und Fingermotorik werden gestärkt.
Die Möglichkeiten zum Matschen und Kneten für Kinder beschränken sich auf gezielte Aktivitäten in der Krippe oder Zuhause. Matschen geht im Alltag meistens mit Zerstören und Verschmutzen einher und wird

deshalb oft untersagt – oder zumindest nicht unterstützt.
Mit dem Projekt „Matschen und Kneten" haben die Kinder die Gelegenheit, grundlegende taktile Wahrnehmungserfahrungen und unterschiedlichste Materialerfahrungen zu machen. Hingebungsvoll können die Kinder ihrer Matsch- und Knetlust nachgehen.

Das Thema „Farben"
Bereits ab dem Säuglingsalter sind Kinder in der Lage, verschiedene Farben wahrzunehmen. Ungefähr ab dem zweiten Lebensjahr verwenden die meisten Kinder für die unterschiedlichsten Farben die Bezeichnung „rot". (vgl. Dienstbier 2013, S. 24). Ein Kind,

welches alle vier Farbbezeichnungen (rot, gelb, grün, blau) sprechen kann, möchte diese auch den richtigen Farben zuordnen. Die älteren Krippenkinder nehmen Farben in ihrem Alltag phasenweise sehr bewusst wahr und teilen dieses mit. So zeigt ein Kind beispielsweise auf das kleine Fleckchen rot auf einem Teppich, was dem Erwachsenen möglicherweise nie zuvor aufgefallen ist.

In einem Projekt zum Thema Farbe haben die Kinder die Möglichkeit, Erfahrungen mit Farbe und Farbdifferenzierungen zu machen. So kann die Farbwahrnehmungsfähigkeit der Kinder gefördert werden.

Eine Idee zum Projektverlauf ist, dass einzelne Wochentage unter ein Farbmotto gestellt werden. So ist beispielsweise am Montag der „blaue Tag", am Dienstag der „rote Tag". Es besteht auch die Möglichkeit, das Farbmotto wöchentlich zu wechseln, so dass es eine „rote Woche", „gelbe Woche", „grüne Woche" usw. gibt. An diesen Tagen steht alles im Zeichen der bestimmten Farbe.

Beispiel: „roter Tag" oder „rote Woche":
- Alle Kinder und Erzieherinnen tragen rote Kleidung.
- Das Essen an diesem Tag ist rot (wie etwa Erdbeeren, rote Marmelade oder Rotebeete Nudeln mit Tomatensoße oder Tomatensuppe).
- Die Räume werden in rotes Licht getaucht, indem die Fenster mit roter Folie abgedeckt werden.
- Die Kinder dürfen sich rote Brillen aufsetzen und damit alles im roten Licht betrachten.
- Die Kinder experimentieren kreativ mit Rottönen.
- Es gibt ein Lied zur Farbe Rot und einen Tanz zur Farbe Rot.
- Es werden rote Farbobjekte gesammelt und zu einem Kunstwerk drapiert.
- Beim Spaziergang werden rote Sachen benannt (wie beispielswiese das Rot auf dem Stoppschild).

FÜLLEN, SCHÖPFEN, KIPPEN

Materialien
- Abdeckplane
- Handtücher
- Wannen mit Wasser
- Trichter
- Schöpfkelle
- Kescher
- Schwämme
- Tischtennisbälle
- Naturmaterialien
- Becher
- Eimer

Vorbereitung: Der Raum wird mit Abdeckplanen ausgelegt. Handtücher und Wechselkleidung werden bereit gelegt. Die großen Wannen werden mit Wasser gefüllt. Der Raum sollte vorher erwärmt werden. Es ist sinnvoll, die Kinder in Badekleidung oder nur in Unterwäsche experimentieren zu lassen, damit sie ihre Aufmerksamkeit nicht darauf lenken müssen, trocken zu bleiben.

Spielidee: Die Kinder experimentieren mit den ihnen zur Verfügung gestellten Materialen. Beim Umfüllen, Einfüllen, Auskippen, Keschern und bei der Frage, was an der Oberfläche schwimmt und was im Wasser untergeht, setzen sie sich mit physikalischen Fragen auseinander.

Variation: Durch das Verändern des Materialangebotes können neue Impulse geschaffen werden.

Bildungsbereich: Natur/Umwelt

Hinweise: Die Kinder beschäftigen sich erfahrungsgemäß sehr lange mit dem Experimentieren. Diese Aktion sollte mehrmals angeboten werden. Das Materialangebot kann stets erweitert werden. Besonders anfangs ist weniger mehr, weil eine intensivere Auseinandersetzung mit wenigen Gegenständen möglich ist.

Materialien
- Abdeckplanen
- Handtücher
- Wannen mit Wasser
- Gießkannen
- Wasserpistolen
- Spritzpistolen
- verschiedene Gefäße
- Trichter

Für die Variation:
- große Papierrollen
- mit Wasserfarben gefärbtes Wasser

Vorbereitung: Der Raum wird mit Abdeckplanen ausgelegt. Die Wannen werden mit Wasser gefüllt und bereitgestellt.
Der Raum wird erwärmt. Die Kinder können in Unterwäsche oder Badekleidung experimentieren, damit sie ihre Aufmerksamkeit nicht darauf lenken müssen, trocken zu bleiben.

Selbstgebaute Gießbecher: Mit (an Kerzen) erwärmten Stricknadeln werden Löcher in Joghurtbecher in unterschiedlichen Größen gebrannt.

Spielidee: Die Kinder haben die Möglichkeit, mit Gießkannen, Spritzpistolen und ggf. selbstgebauten Gießbechern zu gießen und zu spritzen. Mit verschieden großen Gefäßen können sie Wasser umfüllen, durch den Trichter gießen etc.

Variation: Es werden Papierrollen auf dem Boden ausgelegt. In die Gieß- und Spritzbehälter wird gefärbtes Wasser gefüllt. Die Kinder haben die Gelegenheit, auf das Papier zu gießen und zu spritzen und somit interessante Gieß- und Spritzbilder entstehen zu lassen.

Bildungsbereich: Natur/Umwelt

Hinweise: Es muss unbedingt darauf geachtet werden, dass die Kinder sich nicht gegenseitig ins Gesicht spritzen.

Materialien
- Kleine Becher
- Eiswürfelbehälter
- Kanne mit Wasser
- Gefrierschrank
- Handtücher

Vorbereitung: Die Plastikbehälter und eine Kanne Wasser werden bereitgestellt.

Spielidee: Die pädagogische Fachkraft füllt mit den Kindern Wasser in die Behälter. Dann werden sie gemeinsam in das Gefrierfach gelegt. Die pädagogische Fachkraft schaut im Laufe des Tages einige Male gemeinsam mit den Kindern nach, welchen Zustand das Wasser hat. Ist das Wasser gefroren, so erhalten die Kinder die Gelegenheit, mit den Eiswürfeln zu experimentieren. Wie schmecken sie? Wie fühlen sie sich auf der Haut an? Wann beginnen sie zu schmelzen? Wie rutschen sie über den Tisch?

Variation: Die Kinder nutzen die Eiswürfel, um Getränke kälter zu machen. Sie können beobachten, wie das Eis im Getränk schmilzt und am Glas fühlen, bzw. beim Trinken merken, dass das Eis das Getränk kälter gemacht hat.

Bildungsbereich: Natur/Umwelt

Hinweise: Das Experimentieren mit Eiswürfeln wird irgendwann eine nasse Angelegenheit. Deshalb bietet es sich an, diese Aktion im Waschraum, im Sommer auf dem Außengelände oder mit Handtüchern durchzuführen.

Materialien
- große Wanne mit Wasser
- Wasserfarben
- Stöckchen
- Pinsel
- ggf. Kleister

Für die Variation:
- saugfähiges Papier

Vorbereitung: Es wird Wasser in eine große Wanne gefüllt. Wasserfarben, sowie Pinsel/Stöckchen werden bereitgestellt.

Spielidee: Die Kinder lassen langsam nacheinander ein wenig Farbe ins Wasser tropfen. Mit einem Stöckchen/Pinsel können sie nun Strömungen und Wirbel erzeugen. Sie können beobachten, wie sich die Farben dabei vermischen.

Variation: Die Kinder fertigen Bilder ihrer Strömungen an. Sie legen behutsam ein saugfähiges Papier kurz auf die Wasseroberfläche und ziehen es vorsichtig wieder ab. Dieses wird danach zum Trocknen hingelegt.

Bildungsbereich: Kreatives Gestalten

Hinweise: Vermischen sich die Farben zu schnell, kann das Wasser durch die Hinzugabe von etwas Kleister verlangsamt werden.

FLIESSBILDER

Materialien
- Wasserfarben
- Wasser
- Kartondeckel
- Papier
- Klebeband
- Pinsel

Vorbereitung: Das Papier wird auf Kartongröße geschnitten und im Karton mit Klebeband fixiert.

Spielidee: Die dünnflüssige Farbe wird großzügig mit einem Pinsel auf das Papier gekleckst. Anschließend wird sie durch Kippen und Drehen des Kartons zum Fließen gebracht.

Variation: Eine zweite und dritte Farbe wird dazu gegeben. Nun wird beobachtet, wie die Farben ineinander fließen oder wie die Kinder den Karton halten müssen, dass die Farben nicht ineinander fließen.

Bildungsbereich: Kreatives Gestalten

BUNTE WASSERFLASCHEN

Materialien
- Plastikflaschen
- Wasser
- Glitzerteilchen
- kleine Holzkugeln
- Perlen
- Sand
- Trichter
- Sekundenkleber

Für die Variation:
- Gefrierbeutel
- Lebensmittelfarbe

Vorbereitung: Die Materialien werden auf einem Tisch bereitgelegt. Die älteren Kinder können an der Auswahl der Teilchen (wie etwa Perlen, Stöckchen, Glitzerperlen, …), die in die Wasserflaschen kommen sollen, beteiligt werden und so bei der Vorbereitung helfen. Die pädagogische Fachkraft füllt in eine oder mehrere Flasche(n) eine Schicht Sand. Anschließend dürfen die Kinder die ausgewählten Kleinteile in die Flasche legen. Die pädagogische Fachkraft füllt die Flasche/n mit Wasser auf. Unterhalb des Flaschenhalses sollte jedoch mindestens ein Zentimeter Luft bleiben. Die Flaschen werden fest mit einem Kleber zugeschraubt.

Spielidee: Die Kinder können nun, abhängig davon, wie sie die Glitzerflaschen festhalten, das Fließen und Schwimmen von Teilchen im Wasser beobachten. Ältere Krippenkinder können durch ihre Auswahl der Flascheninhalte und das bewusste Beobachten erforschen, welche Teilchen schwimmen und welche nicht.

Variation: Mit Lebensmittelfarbe gefärbtes Wasser wird in Gefrierbeutel gefüllt. Die Kinder können die Beutel greifen. Die pädagogische Fachkraft muss darauf achten, dass die Kinder die Gefrierbeutel nicht zerbeißen.

Bildungsbereich: Natur/Umwelt

WASSER IST ZUM WASCHEN DA...

Materialien
- Putzschwämme
- Putztücher
- Trockentücher
- Bürsten
- eine Schüssel mit Wasser
- Puppen
- Puppenkleider
- große Legosteine
- Puppengeschirr
- Spielzeug
- Wechselkleidung

Vorbereitung: Dinge und Gegenstände, die nicht nass werden dürfen, sollten aus dem Raum genommen, oder mit Planen abgedeckt werden.

Spielidee: Die Kinder haben die Gelegenheit, mit Schwämmen, Bürsten und Tüchern zu putzen, zu waschen, zu säubern und abzutrocknen. So können sie beispielsweise große Legosteine oder Puppengeschirr waschen.
Kleine Überschwemmungen stellen dabei kein Problem dar. Kinder, die bereits Rollenspiele spielen, dürfen die „Babys" baden oder auch die Babywäsche waschen.

Bildungsbereich: Lebenspraktische Kompetenz

Hinweise: Diese Aktion kann auch sinnvoll im Alltag wieder aufgegriffen werden. So können die Kinder beim Geschirrwaschen beteiligt werden, sie wischen nach dem Mittagessen den Boden oder säubern Gummistiefel nach einem Regenspaziergang.

„MITMACHSPIEL ES REGNET"

Vorbereitung: Die pädagogische Fachkraft sitzt mit den Kindern am Tisch. Sie sagt die Verse auf und macht entsprechende Bewegungen dazu. Die Kinder machen die Bewegungen mit.

Spielidee:

Es regnet, es regnet	*mit den Fingern auf die Tischplatte klopfen*
es regnet seinen Lauf	*mit den Fingern auf die Tischplatte klopfen*
und wenn's genug geregnet hat,	*mit den Fingern auf die Tischplatte klopfen*
dann hört's auch wieder auf.	*Handflächen leise auf den Tisch legen*
Es regnet, es regnet,	*mit den Fingern auf die Tischplatte klopfen*
es regnet Tag und Nacht,	*mit den Fingern auf die Tischplatte klopfen*
und wenn's genug geregnet hat,	*mit den Fingern auf die Tischplatte klopfen*
die Sonne wieder lacht.	*mit den Händen einen großen Kreis in die Luft malen*

Bildungsbereich: Rhythmik/Musik

BEWEGUNGSLIED VOM REGEN

Spielidee: *Nach der Melodie von: „Wenn ich morgens früh aufstehe"*

Dunkle Wolken sind am Himmel,	*beide Hände über den Kopf halten*
was ist das für ein Gewimmel,	*durch den Raum gehen*
plötzlich spür ich hier und da,	*mit dem Zeigefinger unterschiedliche Stellen am Körper berühren.*
kühlen Regen wunderbar.	
Tropfen springen alle munter,	
an mir rauf und wieder runter,	*mit den Fingern von der Schulter aus den Arm hinunterkrabbeln.*
machen mich ganz pitschenass,	
Pfützenspringen, das macht Spaß.	*durch den Raum springen.*

Bildungsbereich: Rhythmik/Musik

Biermann I. (2013): Spielen mit Krippenkindern S. 112

EIN WASSERKONZERT

Materialien
- Glasflaschen und Gläser
- mit Lebensmittelfarbe gefärbtes Wasser
- Löffel aus Metall und Holz

Vorbereitung: Die pädagogische Fachkraft füllt mit den Kindern verschiedene Mengen Wasser in die Gefäße.
(Ist das Wasser gefärbt, sehen die Kinder deutlicher, welche Menge Wasser im Behältnis ist.)

Spielidee: Nun können die Klangexperimente beginnen: Mit Holz- und Metalllöffeln dürfen die Kinder vorsichtig gegen die Gefäße schlagen und so verschiedene Klänge erzeugen.

Variation: Wahrscheinlich fallen den Kindern viele Varianten ein, wie etwa mit Stiften gegen das Glas schlagen oder ein Lied zur selbst gemachten Musik singen. Greifen Sie die Vorschläge der Kinder auf und entwickeln Sie gemeinsam etwas Neues.

Hinweise: Nehmen Sie das Konzert zur Dokumentation auf Tonband auf.

MATSCHTISCH

Materialien
- Tisch
- Sand
- Tischdecke oder Abdeckplane
- Kannen/Eimer mit Wasser
- Handtücher
- ggf. Kittel
- Spielmaterialien wie: Steine, Stöcke, Löffel, Strohhalme

Vorbereitung: Ein Tisch wird mit einer Abdeckplane oder einer Tischdecke abgedeckt. Es wird Sand drauf gelegt. Kannen mit Wasser und Spielmaterialien, wie etwa Steine, Stöcke, Löffel und Strohhalme stehen bereit.

Spielidee: Die Kinder habe die Gelegenheit zum Matschen. Dabei können sie mit zusätzlichem Wasser und den Spielmaterialien experimentieren.

Variation: Bei jungen Kindern ist es durchaus sinnvoll, einen Tisch umzudrehen und so einen Tischsandkasten zu bauen.
Die Kinder können sich dann auch in den Matsch setzen.

Bildungsbereich: Wahrnehmung

MIT FARBE MATSCHEN UND MALEN

Materialien
- große Papiere
- Abdeckplanen
- Klebeband
- Fingerfarben
- Schüsseln mit Wasser
- Waschutensilien
- Handtücher

Vorbereitung: Die Papiere werden auf dem Boden mit Klebeband fixiert. Der Rest des Bodens wird mit einer Abdeckplane ausgelegt. Der Raum soll gut geheizt sein und die Kinder sollten ihre Kleidung wechseln.

Spielidee: Die Kinder werden dazu aufgefordert, mit Farbe und Wasser auf dem Boden zu experimentieren. Die Kinder können beispielsweise Hand- und Fußabdrücke machen oder mit den Fingern oder den Füßen Farben auf dem Papier mischen.
Die Kinder variieren den Spielimpuls in der Regel von sich aus. Manche setzen sich in die Farbe, kippen alle Farben aus oder mischen sie zu einem Brei, um darin herumzurühren.

Bildungsbereich: Kreatives Gestalten

Materialien
- Handrührgerät
- Schüssel
- Backpapier
- Rolle
- Backofen
- Backblech
- Gläser

Zutaten für die Kekse:
- 75 g Speisestärke
- 200 g Mehl
- 100 g gemahlene, abgezogene Mandeln
- 1 Ei
- 100 g Zucker
- 2 TL Bittermandel-Aroma
- 150 g Butter o. Margarine

Für die Variation:
- Lebensmittelfarbe
- Schüsseln

Vorbereitung: Die Zutaten werden vorab abgemessen, alle Zutaten und Utensilien werden bereit gelegt.

Spielidee: Speisestärke, Mehl und Mandeln werden in eine Schüssel gegeben. Dazu kommen Ei, Zucker, Aroma und weiche Butter oder Margarine. Mit einem Handrührgerät wird auf niedriger Stufe alles miteinander verrührt. Nun haben die Kinder die Gelegenheit, den Teig zu fühlen und zu kneten – bis am Ende ein glatter Teig entsteht.

Anschließend wird der Teig eine Stunde kalt gestellt.
Dann wird der Teig auf leicht bemehltem Backpapier ca. 1/2 cm dünn ausgerollt. Mit umgedrehten Gläsern dürfen die Kinder nun Kreise ausstechen. Im vorgeheizten Backofen bei 200° C (Gas: Stufe 3/Umluft: 175° C) werden diese nun ca. 10 Minuten goldbraun gebacken. Danach müssen sie abkühlen und können dann verzehrt werden.

Variation: Die Kekse können mit Lebensmittelfarbe verziert werden. Dazu wird Lebensmittelfarbe in kleine Schüsseln gegeben und die Kinder dürfen sie mit den Fingern auf die erkalteten Kekse schmieren.

Bildungsbereich: Lebenspraktische Kompetenz

Hinweise: Kekse backen ist ein längeres Vorhaben. Jüngere Kinder können auch nur zum Teigkneten dazu kommen.

Materialien
- ½ l gekochtes Wasser
- 500 g Mehl
- 200 g Salz
- 3 EL Öl
- 3 EL Zitronensäure
- Lebensmittelfarbe

Für die Variation:
- Löffel
- Gabeln
- Wolle
- Wäscheklammern
- Stöckchen

Vorbereitung: Das aufgekochte Wasser wird mit Mehl, Salz, Öl, Zitronensäure und Lebensmittelfarbe vermischt und verknetet.

Spielidee: Die Kinder haben die Gelegenheit, mit der weichen Knete zu experimentieren.

Variation: Die Kinder können kleine Werkzeuge zum Experimentieren bekommen, wie beispielsweise kleine Gabeln, Wolle, Löffel

Bildungsbereich: Kreatives Gestalten

Hinweise: Die Knete ist nicht giftig. Wenn ein Kind ein Stück in den Mund steckt, ist das nicht sehr schlimm. Die Knete ist luftdicht aufzubewahren, weil sie ansonsten schnell austrocknet.

MIT PUDDINGFARBE MALEN UND FORMEN

Materialien
- Topf
- Handrührgerät
- Herd
- angerührter Kleister
- dicke Pappe
- große Borstenpinsel
- Gläser zum Abfüllen
- Lebensmittelfarbe
- Große Kartons

Zutaten für die Puddingfarbe:
- 1 Tasse Mehl
- 5 Tassen Wasser
- 3 Teelöffel Salz
- 1/2 Tasse Zucker

Vorbereitung: Mehl, Wasser, Salz und Zucker in eine Schüssel geben und mit dem Handrührgerät verrühren und in einen Kochtopf geben. Langsam aufkochen lassen, bis ein dickflüssiger Brei entsteht. Damit keine Klumpen entstehen, muss er beim Aufkochen stets umgerührt werden. Anschließend wird der Brei abgekühlt und in Gläser abgefüllt. Nun kann der Brei mit Lebensmittelfarbe eingefärbt werden.
Die Pappe wird mit Kleister eingepinselt.

Spielidee: Die Kinder haben die Gelegenheit, die Puddingfarbe mit den Händen oder einem Pinsel auf die vorbereitete Pappe aufzutragen. Sie können die Puddingfarbe wie Farbe auftragen oder auch etwas damit kneten matschen und formen.

Bildungsbereich: Kreatives Gestalten

Hinweise: In den Gläsern kann die Puddingfarbe mehrere Wochen im Kühlschrank aufbewahrt werden.

MATSCHEN UND KNETEN MIT TON

Materialien
- Ton (10 kg-Block)
- Wasser
- kleine Schüssel
- Für die Erweiterung:
- Kämme
- Bürsten
- Nudelholz
- Stöckchen
- Löffel
- Gabeln
- Für die Variation:
- Wanne mit Wasser
- Handtücher

Vorbereitung: Den Kindern wird ein Tonblock und eine kleine Schüssel mit Wasser zur Verfügung gestellt.

Spielidee: Die Kinder haben nun die Gelegenheit, Ton zu erforschen. Sie können beispielsweise Stücke aus dem Block reißen, mit den Fingern Löcher in den Ton bohren, Wasser an den Ton schmieren und einen Tonmatsch machen oder auch den Ton in der Hand kneten.

Erweiterung: Bei mehrmaliger Wiederholung dieser Aktion können den Kindern auch kleine „Werkzeuge", wie Kämme, Bürsten oder Gabeln, zur Verfügung gestellt werden.

Variation: Der Ton kann auch in eine Wanne mit Wasser gegeben werden, sodass die Kinder in einem warmen Raum ohne Kleidung mit ihrem ganzen Körper mit dem Tonmatsch experimentieren können.

Bildungsbereich: Kreatives Gestalten

Hinweise: Ton ist ungiftig. Kleinkinder können ihn ruhig einmal in den Mund stecken oder ihren Körper damit einschmieren.

KNETBALL

Materialien
- 2 Luftballons
- Trichter
- Mehl
- dickes Holzstäbchen
- Schere
- Für die Variation:
- verschiedene Materialien zum Füllen des Knetballes, wie beispielsweise grober Sand, Erbsen, Reis, Zucker oder Vogelsand.

Vorbereitung: Die Luftballons werden ein wenig aufgepustet und ein Luftballon wird in den andern gesteckt, wobei beide Mundstücke am Ende auf dieselbe Höhe gezogen werden müssen. Diese übereinanderliegenden Enden müssen nun über den Trichter gezogen werden. Nun wird der Luftballon durch den Trichter mit Mehl gefüllt. Dabei muss das Mehl immer wieder mit dem dicken Holzstäbchen in den Ballon gedrückt werden. Anschließend wird der Trichter vorsichtig aus dem Ballon gezogen. Dann wird der Schaft des inneren Ballons abgeschnitten und der äußere Ballon fest verknotet.

Spielidee: Die Kinder können den Knetball nun mit den Händen kneten. Der Ball kann auch barfuß mit den Füßen geknetet werden. Durch die doppelte Ballonschicht ist er (sofern er gut verknotet worden ist) sehr strapazierfähig und die Kinder können nach Herzenslust mit ihm experimentieren.

Variation: Es können verschiedene Bälle mit jeweils unterschiedlichen Füllungen, wie etwa grober Sand, Erbsen, Reis, Zucker oder Vogelsand hergestellt und den Kindern als unterschiedliche Material- und Sinneserfahrung zur Verfügung gestellt werden.

Bildungsbereich: Körper/Bewegung

MATSCHEN MIT RASIERSCHAUM

Materialien

- Rasierschaum
- Spiegel
- Handtücher

Vorbereitung: Die Aktion sollte möglichst im Waschraum stattfinden. Große Spiegel werden auf den Boden gelegt. Die Kinder sollen ihre Kleidung wechseln und der Raum soll warm sein.

ACHTUNG: Die Spiegel müssen bruchsicher sein!

Spielidee: Die Kinder haben die Gelegenheit mit Schaum zu experimentieren.

Variation: Sie können dabei auch sich und andere einschmieren oder mit dem Rasierschaum auf die Spiegel malen.

Bildungsbereich: Wahrnehmung

Hinweise: Die pädagogische Fachkraft muss darauf achten, dass die Kinder den Rasierschaum nicht in die Augen und in den Mund bekommen.

Materialien
- Wanne
- Sand
- Wasser

Vorbereitung: Die Kinder ziehen Schuhe und Strümpfe (und am besten auch die Hosen) aus. Die Aktion sollte möglichst im warmen Waschraum stattfinden.

Spielidee: Die Kinder werden dazu aufgefordert, im Matsch auf der Stelle zu laufen. Sie sollen das Geräusch, welches dabei erzeugt wird, wahrnehmen. Ist das Laufen rhythmisch, kann so „Matschmusik" erzeugt werden, welche mit weiteren Geräuschen unterstützt werden kann, wie etwa durch leises Klatschen, Hände aneinander reiben oder die eigene Hand schmatzend küssen. Die pädagogische Fachkraft kann folgenden Text rhythmisch sprechen. Die Kinder gehen im selben Rhythmus mit.

Pitsch, patsch, patsch,
barfuß durch den Matsch!
Der Matsch quatscht durch die Zehen,
das stört uns nicht, wir gehen
fröhlich durch den Matsch,
pitsch, patsch, patsch.

Variation: Haben die Kinder einmal die Erfahrung mit echtem Matsch gemacht, ist es auch möglich den Sprechvers als Bewegungslied frei im Raum zu spielen und sich nur gedanklich vorzustellen, durch Matsch zu waten.

Bildungsbereich: Rhythmik/Musik

Für die Variation:
- verschiedene, farbige Gegenstände

Vorbereitung: Es ist sicher gestellt, dass verschiedene einfarbige handliche Gegenstände im Raum sind.

Spielidee: Die Kinder werden aufgefordert, Gegenstände in einer bestimmten Farbe (z.B. rot) zu sammeln. Das können ein rotes Handtuch, ein roter Plastiklöffel, eine rote Haarspange oder Ähnliches sein. Die Gegenstände werden zusammengetragen und als Kunstwerk drapiert. Es wird abschließend gemeinsam überprüft, ob auch alle Gegenstände rot sind.

Variation: Die pädagogische Fachkraft stellt farbige Gegenstände bereit, sodass die Kinder im Sitzkreis das Spiel spielen und nach Farben auswählen.

Bildungsbereich: Natur/Umwelt

Hinweise: Die pädagogische Fachkraft sollte das Ergebnis fotografieren. Die Kinder werden es sich auch in einigen Tagen noch gerne anschauen und die Gegenstände und Farben benennen.

SICH UND ANDERE BEMALEN

Materialien
- Abdeckplanen
- Fingerfarben
- Schüsseln
- Handtücher
- Waschutensilien
- verschieden große Pinsel
- Schüsseln mit Wasser gefüllt
- Spiegel

Für die Variation:
- weiche Bürsten
- Schwämme

Vorbereitung: Der Waschraum wird mit Abdeckplanen ausgelegt. Der Raum wird vorgeheizt. Die Farbe wird jeweils in eine Schüssel gekippt und auf den Boden gestellt. Die Kinder sollten die Kleidung wechseln.

Spielidee: Die Kinder habe die Gelegenheit sich selbst oder sich gegenseitig mit Farbe anzumalen. Sie können dabei ihre Finger oder auch Pinsel benutzen.

Variation: Zusätzlich zum Pinsel werden den Kindern Schwämme und/oder Bürsten zur Verfügung gestellt.

Bildungsbereich: Kreatives Gestalten

Hinweise: Möglicherweise entstehen aus dieser Spielidee weitere Spielideen. So fangen manche Kinder an, den Spiegel anzumalen oder mit Farbe und Wasser auf dem Boden zu experimentieren. Dieser Forscherdrang und das Interesse sollte von der pädagogischen Fachkraft aufgegriffen und unterstützt werden.

... und noch ein Tipp: Körperfarben können auch selbst hergestellt werden mit einer Tasse Maisstärke, einer halben Tasse Wasser, einer halben Tasse Körpercreme, einigen Tropfen Lebensmittelfarbe.

Materialien
- Kleister
- Pinsel
- Transparentpapier in verschiedenen Farbnuancen
- Hocker/Stühle zum Daraufstellen

Für die Variation:
- Fingerfarben

Vorbereitung: Kleister und Transparentpapier sowie geeignete Hocker/Stühle sind für die Kinder bereit gestellt.

Spielidee: Die Kinder kleistern die Fensterscheibe ein. Dann reißen sie Stücke vom Transparentpapier ab und kleben es auf die Fensterscheibe. Am Ende soll das ganze Fenster abgedeckt sein.

Erweiterung: Als zweites Material kann den Kindern Fingerfarbe angeboten werden. Damit können nicht nur unbedeckte Stellen auf der Fensterscheibe farbig gemacht, sondern auch ganze Flächen bemalt werden. Dafür sollte der Kleister dann aber auf das Transparentpapier aufgetragen werden und nicht wie oben genannt direkt auf die Fensterscheibe.

Bildungsbereich: Kreatives Gestalten

FARBBRILLEN

Materialien
- alte Brillengestelle (oder aus Fotokarton ein Brillengestell herstellen)
- farbige Folie
- durchsichtige Klebestreifen

Vorbereitung: Die Folie wird über die Brille geklebt. So entsteht eine gelbe, grüne, rote, ... Brille.

Spielidee: Die Kinder setzen die Brillen auf und schauen sich die Räume dadurch an. Sie können die Brillen auch bei einem Spaziergang aufsetzen oder die pädagogische Fachkraft zeigt den Kindern bestimmte Gegenstände, die sie durch die jeweilige Brille in einer anderen Farbe sehen.

Bildungsbereich: Wahrnehmung

Hinweise: Zur Dokumentation dieser Aktion können Fotos durch diese Brille gemacht werden.

BUNTE WAFFELN BACKEN

Materialien
- Waffeleisen
- Rührschüssel
- Handrührgerät
- Öl
- Pinsel

Zutaten für ca. 8 Waffeln:
- 50 g Butter
- 125 g Mehl
- 60 g Zucker
- 1 Prise Salz
- 1 Pck. Vanillezucker
- 2 Eier
- 1/4 l Milch
- Lebensmittelfarbe

Vorbereitung: Die Zutaten und Backutensilien werden bereitgestellt.

Spielidee: Die Butter wird in einem kleinen Topf bei mittlerer Temperatur zum Schmelzen gebracht.
Anschließend werden Mehl, Zucker, Salz, Vanillezucker, Eier, Milch und die geschmolzene Butter zu einem Teig verrührt.
Abschließend werden ein paar Tropfen Lebensmittelfarbe hinzugegeben und verrührt, bis der Teig die gewünschte Farbe angenommen hat.
Das Waffeleisen wird auf mittlere Temperatur aufgeheizt.
(Ein nicht beschichtetes Waffeleisen sollte mit etwas Öl eingepinselt werden).
Nun werden ca. 4 EL Teig ins Waffeleisen gegeben und die Waffel gebacken.

Erweiterung: Zu den jeweiligen Waffeln können entsprechend mit Lebensmittelfarbe gefärbte Getränke hergestellt werden.

Bildungsbereich: Lebenspraktische Kompetenz

Hinweise: Die Aktion sollte entsprechend zu jedem Farbentag/jeder Farbwoche nur mit der entsprechenden Waffelfarbe durchgeführt werden. So können die Kinder jede Farbe in Ruhe auf sich wirken lassen und sich diese bei dieser Aktion auch „einverleiben".

BUNTE KLATSCHBILDER

Materialien
- Wasserfarben
- Papier
- Pinsel
- Malkittel

Vorbereitung: Das Papier wird in der Mitte gefaltet.

Spielidee: Das Kind malt eine Seite des Papiers mit Wasserfarben an, egal ob mit Pinselstrichen oder einfachen Klecksen.
Dann wird das Papier gefaltet („zusammen geklatscht"), sodass beide Hälften aufeinanderliegen.
Das Kind streicht mit Druck über das Papier und öffnet es dann wieder.
Schon ist ein neues, buntes Kunstwerk entstanden.

Bildungsbereich: Kreatives Gestalten

GUTEN TAG, FRAU GELB!

Materialien
- verschiedene Verkleidungsstücke
- bunter Schmuck
- Handtaschen
- Tücher etc.
- Spiegel

Für die Variation:
- Schminkstifte

Vorbereitung: Die Kleidung und Gegenstände werden bereitgelegt. Möglichst große Spiegel werden aufgestellt.

Spielidee: Die Kinder suchen sich die Farbe heraus, in der sie sich kleiden möchten und verkleiden sich in dieser Farbe.

Variation: Die Kinder können sich zusätzlich in der entsprechenden Farbe schminken.

Bildungsbereich: Kreatives Gestalten

Hinweise: Zur Dokumentation sollten am Ende Fotos gemacht werden.

FINGERTHEATER

Materialien
- gelbe und blaue Fingerfarbe
- Schüssel mit Wasser

Vorbereitung: Die pädagogische Fachkraft malt einen Zeigefinger blau, und den anderen gelb an.

Spielidee: Die pädagogische Fachkraft spielt den Kindern mit ihren Fingern folgende Geschichte vor:

„Guten Tag, ich bin Frau Blau!"	*Der blaue Finger verbeugt sich.*
„Guten Tag, mein Name ist Herr Gelb!"	*Der gelbe Finger verbeugt sich.*
„Frau Blau und Herr Gelb begegneten sich eines Tages auf der Straße."	*Die Finger bewegen sich aufeinander zu.*
„Sie verbeugten sich"	*Die Finger verbeugen sich voreinander.*
„und küssten sich."	*Die Zeigefinger berühren sich.*
Oh Schreck, oh Schreck, ojemine. Was ist denn da passiert?	*Ein Grün ist entstanden.*
Sie schauten sich entsetzt an.	*Die Finger voneinander lösen.*
Schnell rannten beide nach Hause und wuschen sich.	*Zeigefinger in der Schüssel reinigen.*

Variation: Die Kinder malen sich auch die Finger an und spielen das Spiel mit.

Bildungsbereich: Sprache/Kommunikation

... und noch ein Tipp: Für die älteren Kinder bietet sich das Bilderbuch „Das kleine Blau und das kleine Gelb" von Leo Lionni (1962) an, in dem sich die beiden Farben zur Farbe Grün mischen (kann, falls zu lang, auch in der Mitte beendet werden, wenn die beiden Farben sich vermischt haben).

Materialien
- fester Karton
- rotes, grünes, gelbes, blaues, weißes, braunes und schwarzes Papier
- Schere
- Klebstoff

Vorbereitung: Die pädagogische Fachkraft stellt ein Memoryspiel her, indem sie jeweils zwei gleichgroße Pappkarten mit Farbpapier in derselben Farbe beklebt.

Spielidee: Die pädagogische Fachkraft legt die Karten verdeckt auf den Tisch. Reihum darf jedes Kind zwei Karten aufdecken. Findet es ein Farbenpärchen, darf es dieses zu sich legen. Alle Karten, die aufgedeckt wurden, bleiben aufgedeckt.

Variation: Das Memoryspiel ist mit großflächigen Karten gestaltet, sodass die Kinder sich beim Spiel durch den gesamten Raum bewegen können.

Bildungsbereich: Mathematisches Grundverständnis

Hinweise: Wie bei allen Aktivitäten ist besonders bei diesem Spiel die sprachliche Begleitung der pädagogischen Fachkraft von Bedeutung. So sollten stets die Farbbezeichnungen genannt werden.

Materialien
- Luftballons in verschiedenen Farben (jede Farbe sollte in der Anzahl der teilnehmenden Kinder vorhanden sein)
- Wollfäden

Vorbereitung: Die Luftballons werden aufgeblasen, mit einem Wollfaden versehen und in die Raummitte gelegt.

Spielidee: Es wird gemeinsam ein Vers aufgesagt. Die Kinder machen die Bewegungen mit.

Mein schöner, mein großer mein (z.B. grüner) Luftballon	*Jedes Kind sucht sich schnell einen Luftballon in der gesagten Farbe aus und hält ihn am Band fest*
fliegt höher, immer höher, bald fliegt er mir davon.	*Luftballon zum Zappeln bringen*
Doch an der Schnur der langen, da hol ich ihn zurück, bald hab` ich ihn gefangen,	*die Bewegungen mit den Händen nachmachen*
da hab ich aber Glück.	*Luftballon in die Hand nehmen*

Variation: Die Kinder werden aufgefordert mit den Luftballons zu experimentieren. Die pädagogische Fachkraft greift die Ideen der Kinder auf. Zusammen wird überlegt, was der grüne, gelbe, blaue etc. Luftballon macht. Zum Beispiel: Alle grünen Luftballons zappeln an der Schnur. Alle blauen Luftballons schleichen über den Boden. Alle roten Luftballons fliegen durch den Raum.

Bildungsbereich: Körper/Bewegung

FARBENLIED

Spielidee: *Nach der Melodie: „Grün, Grün, Grün sind alle meine Kleider"*

Rot, rot, rot,
sind die süßen Kirschen.
Rot, rot, rot,
ist der schöne Mohn.
Rot, rot, rot,
sind noch viele Dinge.
Wer kennt mehr?
Es ist gar nicht schwer.

Blau, blau, blau,
strahlt der Sommerhimmel.
Blau, blau, blau,
blüht der Enzian.
Blau, blau, blau,
sind noch viele Dinge.
Wer kennt mehr?
Es ist gar nicht schwer.

Grün, grün, grün,
ist die Blumenwiese.
Grün, grün, grün,
ist der Blätterbaum.
Grün, grün, grün,
sind noch viele Dinge.
Wer kennt mehr?
Es ist gar nicht schwer.

Variation: Die pädagogische Fachkraft ändert den Text entsprechend der farblichen Gegenstände im Raum.

Bildungsbereich: Musik/Rhythmik

FARBENTANZ

Materialien
- mehrere Chiffontücher in derselben Farbe
- verschiedene Musikstücke, die zur Farbe passen

Vorbereitung: Die Tücher werden in die Raummitte gelegt. Die Musik wird bereitgelegt.

Spielidee: Alle Kinder bewegen sich durch den Raum. Die pädagogische Fachkraft ruft eine Farbe. Jedes Kind nimmt sich ein entsprechendes Tuch. Nun werden die Kinder dazu aufgefordert, einen Tanz zu tanzen, der ihrer Meinung nach der Farbe entspricht. Die pädagogische Fachkraft sollte mit den Kindern diese Art der Tanzimprovisation erarbeiten – durch Fragen wie „Wie tanzt das Rot?" oder „Ist Rot schnell? Oder langsam?".
So kann den Kindern bewusst werden, wie sie die Farben interpretieren und ausdrücken möchten. Zur Anregung kann Musik eingespielt werden.
So könnte zur Farbe Rot beispielsweise zu feuriger Trommelmusik gespielt werden, während zur Farbe Grün Meditationsmusik mit Naturgeräuschen passen könnte. Am Ende wird ein buntes Feuerwerk mit bunten Tüchern getanzt.

Bildungsbereich: Rhythmik/Musik

BEI ROT BLEIBE STEHEN, BEI GRÜN ...

Materialien
- roter und grüner Fotokarton
- Für die Variation:
- Triangel
- Handtrommel

Vorbereitung: Die pädagogische Fachkraft fertigt Schilder aus grünem und rotem Fotokarton an.

Spielidee: Die pädagogische Fachkraft gibt eine Fortbewegungsart (laufen, krabbeln, rollen, …) vor, in der sich die Kinder durch den Raum bewegen. Dabei hält sie die grüne Karte aus Fotokarton hoch. Nun müssen die Kinder genau schauen, denn hält sie die rote Karte hoch, müssen alle Kinder schnell stoppen und stehenbleiben. Bei Grün dürfen sie sich weiter bewegen.

Variation: Bei kleinen Kindern kann auf die Vorgabe einer Fortbewegungsart verzichtet werden. Sie bewegen sich frei im Raum. Fällt es den Kindern schwer, sich zu bewegen und gleichzeitig auf die Karte der pädagogischen Fachkraft zu schauen, sollte der Farbwechsel mit einem akustischen Signal (z.B. einem Schlag auf die Triangel) angekündigt werden.

Bildungsbereich: Körper/Bewegung

Spieleregister

Wasser
- füllen, schöpfen, kippen
- Gießen und spritzen
- Wasser einfrieren
- Strömungsbilder
- Fließbilder
- Bunte Wasserflaschen
- „Wasser ist zum Waschen da."
- Mitmachspiel „Es regnet"
- Bewegungslied vom Regen
- Ein Wasserkonzert

Matschen
- Matschtisch
- Mit Farbe matschen und malen
- Teig kneten – Kekse backen
- Mit selbstgemachter Knete kneten
- Mit Puddingfarbe malen und formen
- Matschen und Kneten mit Ton
- Knetball
- Matschen mit Rasierschaum
- Matschmusik

Farben
- Farbobjekte sammeln
- Sich und andere bemalen
- Fenster farbig gestalten
- Farbbrillen
- Bunte Waffeln backen
- Bunte Klatschbilder
- Guten Tag, Frau Gelb!
- Fingertheater
- Farben-Memory
- Buntes Luftballonspiel
- Farbenlied
- Farbentanz
- Bei Rot bleibe stehen, bei Grün…

Literatur

- Biermann, I. (2013): Spielen mit Krippenkindern. Kreative Impulse für den Alltag. Freiburg: Verlag Herder.

Praxishilfen und weiterführende Literatur für die Projektarbeit in der Krippe

- Hanck, N. (2019): Krippenkinder als Naturentdecker. Freiburg: Herder.
- Klages, M. (2013): Projektarbeit mit Kleinstkindern. Beispiele aus der Praxis. Kindergarten heute. Praxis kompakt. Freiburg: Verlag Herder.
- Küls, H. (2012): Projekte ko-konstruktivistisch planen und durchführen. Köln: Bildungsverlag EINS.
- Stamer-Brandt, P. (2018): Projektarbeit in der Kita. Freiburg: Herder
- Witt, C & von Löbbecke, E. (2018): Krippenkinder als Naturforscher. Freiburg: Herder.
- Zimmer, R. (2019): Handbuch der Sinneswahrnehmung: Grundlagen einer ganzheitlichen Bildung und Erziehung. Freiburg: Verlag Herder.

Über die Autorin

Silke Hubrig, geb. 1975, Lehrerin für sozialpädagogische Fächer und Sport an einer Berufsschule in Bremen, Erzieherin, Tanz- und Bewegungspädagogin, Autorin verschiedener Lehrbücher und Aufsätze zu pädagogischen Themen sowie Mutter zweier Kinder.

Im Interesse der besseren Lesbarkeit und weil Frauen in frühpädagogischen Berufen prozentual stärker vertreten sind als Männer, wird in diesem Buch stets die Leserin angesprochen und auch meist die weibliche Form verwendet, wenn von pädagogischen Fachkräften die Rede ist. Selbstverständlich sind damit aber immer Leser und Leserinnen bzw. männliche und weibliche Fachkräfte gleichermaßen gemeint.

Neuausgabe 2020
(3. Gesamtauflage)
© Verlag Herder GmbH, Freiburg im Breisgau 2015
Alle Rechte vorbehalten
www.herder.de

Illustration außen und innen: © Ines Rarisch, Düsseldorf
Layout, Satz & Gestaltung: Arnold & Domnick, Leipzig
Herstellung: Graspo CZ, Zlín
Printed in the Czech Republic

ISBN 978-3-451-38640-4